Círculo Rojo

La mente, ¿en verso? Poesías sobre trastornos y enfermedades mentales, y sobre nuestro cerebro

La mente, ¿en verso? Poesías sobre trastornos y enfermedades mentales, y sobre nuestro cerebro

Gonzalo de Rato Leguina

Ilustraciones de Adolfo Ruiz Mendes

Círculo Rojo
EDITORIAL

Primera edición: marzo 2024

Depósito legal: AL 433-2024

ISBN: 978-84-1061-776-6
Impresión y encuadernación: Editorial Círculo Rojo

© Del texto: Gonzalo de Rato Leguina
© Maquetación y diseño: Equipo de Editorial Círculo Rojo
© Ilustraciones: Adolfo Ruiz Mendes

Editorial Círculo Rojo
www.editorialcirculorojo.com
info@editorialcirculorojo.com

Impreso en España - Printed in Spain

Dedicatoria:

A mi familia, amigos, personal médico y sanitario que me ha atendido, y un gran número de personas, que han hecho posible la elaboración de este libro, les dedico estas páginas.

Un viaje:

"Vamos a viajar y a ver maravillas:"
"Visitaremos archivos históricos, algunos ya empiezan a desaparecer."
"Atravesaremos zonas comunicadas por redes que emiten señales en cada momento…"
"Podremos ver lo más sombrío…"
"Quizás nos subamos en una montaña rusa…"
"Veremos los efectos de la música y el dibujo."
"Oye, qué viaje más interesante: ¿qué llevo de maleta?"
"Una guía sobre nuestro cerebro, para aprender a cuidarlo."

INTRODUCCIÓN:

En nuestro primer poemario, *Otras miradas, otras maneras de entender el mundo*, pretendimos enseñar cómo entienden la vida personas con autismo, Síndrome de Asperger, TDAH, Tourette, trastornos del lenguaje y de qué manera se les puede ayudar.

En este libro nuestra idea es hacer una exposición, a través de las poesías de Gonzalo y las ilustraciones de Adolfo, junto con el Prólogo de Alejandro, de los trastornos mentales y de algunas enfermedades, como la epilepsia, el Párkinson, el Alzheimer, etc.

Pensamos que todos, en algún momento, podemos caer en alguna de estas patologías, como son la depresión, la ansiedad, etc., y que el poder disponer de más información sobre este tema, nos ayuda a quitar miedos, poder prevenirlas, y eliminar estigmas. Así, con la poesía *Un viaje*, presentamos la lectura de estas poesías como una exploración de nuestro cerebro.

El libro se divide en tres partes: en la primera, *Trastornos Mentales*, presentamos, a través de poesías, los principales trastornos y sus características (la esquizofrenia, las adicciones, los trastornos alimentarios, etc.). Hemos incluido algunos trastornos del neurodesarrollo, pero muy por encima, pues nuestro primer libro, *Otras miradas, otras maneras de entender el mundo*, era específicamente sobre este tema. Hemos elaborado nuevas poesías, como el poema TEA... TEATRO.

En la segunda parte, *Enfermedades Neuronales*, presentamos a algunas de ellas: los ictus, la epilepsia, los traumatismos craneoencefálicos, etc. Esta parte es más breve por tener menos conocimiento en la materia, si bien algunos poemas son, en parte, conocidos por Gonzalo. Quien haya leído su libro *Recuerdos de mi vida a través del Síndrome de Asperger* podrá identificarlos.

En la tercera parte, *Hablemos de... todo un poco*, presentamos cómo es el cerebro a través de poemas que dedicamos a las meninges, la sustancia gris, etc. Dibujamos objetos de uso cotidiano, como los pastilleros, advertimos del daño que causan los prejuicios, presentamos la importancia del juego en los niños, así como el arte y la música en niños enfermos, y la aplicación de la arteterapia en personas enfermas. De esta sección hay unos poemas que merecen una explicación: Para el poema *La camisa* se inspiró en la visita a la exposición *Una mirada al pasado*, en Palencia.

Sus poemas sobre la autolesión y el suicidio son fruto de la lectura de *Me muero por vivir*, de Álex Codesal, así como el libro *La autolesión en el autismo*. Estas poesías son, quizás, las más violentas. Pero estos temas son, desgraciadamente, una realidad, y queremos, en lo posible, contribuir a erradicarlos. Creemos que silenciándolos no ayudaríamos a ello.

Cierran el poemario dos poesías: una, donde hablamos de la muerte cerebral, presentando una dimensión de la muerte. La última poesía es una recomendación a cuidar el cerebro, donde lo presentamos como un lago donde hay vida y sale vida, pero que requiere de cuidados, y qué podemos hacer para favorecerlo, evitando que se seque.

Las poesías son de Gonzalo. En alguna cuenta experiencias suyas. Quien haya leído su autobiografía, Recuerdos de mi vida a través del Síndrome de Asperger las identificará con facilidad. Para otras poesías se inspiró en las visitas a museos de arte psicopatológico, o a sus estudios en estos temas.

Como curiosidad, decir que, para la poesía dedicada a los trastornos de la personalidad múltiple, se inspiró en la visita al Museo de las Ilusiones de Madrid y ver la Habitación de los Espejos Múltiples.

La poesía se entiende como un texto escrito de manera simbólica, que no se entiende si se lee sólo de manera racional, quedándonos en la idea de que es un escrito raro, que no se entiende fácilmente. Pero si aceptamos esa definición, un texto administrativo, un informe técnico, o médico, son también poesías. No, la poesía busca trasmitir una emoción y sublimar la cotidianidad del día gris. Y eso es lo que buscamos con nuestro libro.

En la bibliografía final ofrecemos información a quien esté interesado en profundizar más sobre los temas que abordamos aquí. Por último, precisar nuestro público: si bien hay enfermedades como el Párkinson o el Alzheimer, que, evidentemente, se desarrollan en edades avanzadas, hoy día sabemos que los trastornos mentales no son exclusivos de los adultos, sino también de jóvenes y niños, y desgraciadamente esto va en aumento. Si bien nuestro libro no es un libro infantil ni juvenil, sí que nos gustaría que también pudiera ser entendido, al menos, por el público juvenil. Es por ello que les hemos dedicado algunas poesías con ilustraciones, para que les sean más accesibles.

ÍNDICE

PARTE 1.

TRASTORNOS MENTALES

1. LA MONTAÑA RUSA:

Todo comienza un día,
aparentemente normal,
en que empiezas, a vivir tu vida,
con excesiva euforia, o con desilusión.

A toda velocidad,
con euforia y alegría,
sientes que subes,
o bien que bajas,
por un túnel oscuro y depresivo.

No tienes control sobre tus decisiones,
ni emociones,
y sigues tu vida,
o la pasas,
como en una montaña rusa.

Así podemos entender el Trastorno Bipolar.

2. UNA REALIDAD ALTERNATIVA...
ESQUIZOFRENIA

ES... un conjunto de trastornos
QUI... enes lo tienen,
ZO.... zobran, en momentos difíciles.
FRE... cuentemente se asocia al terror, lo que no es
NIA... yuda ni solución al problema de estas personas.

3. UNA PERCEPCIÓN PROPIA

"Siempre está hablando sobre..."
"Piensa que es un genio."

Esto dicen sobre él,
pero cuando hablamos con él:
"En realidad conspiran contra mí."
"Estoy escuchando a.... no molestes."

Su discurso es complejo, y pasa del entusiasmo a la depresión:
"Hice tal cosa horrible... nadie me perdonará."
"Es que mi grandeza jamás verá la luz..."
"Aunque digan que no, estoy gravemente enfermo..."
"Me leen la mente y mis ideas..."

Podemos ayudarle,
conociendo más sobre esta enfermedad,
y dejando de asociarla al terror,
así como ayudando a sus familiares.

4. HABLEMOS DE... ADICCIONES

A....ctúan modificando el cerebro,
Drogas de diseño, alcohol, cannabis,
I....ncluso cuando nos apegamos a la tablet y al móvil.
C....ambian nuestro comportamiento,
Creemos que controlamos,
I....ncluso que nos ayudan,
O.... que si nos quitan el móvil... ¡Qué horror!
No somos conscientes de que en este juego,
E....stamos, desde el inicio,
Simplemente, en... Game Over.

5. TRASTORNOS DEL SUEÑO

A lo largo del día, el tiempo corre,
pero en la noche, parece detenerse,
y el sueño huye.

Las noches parecen durar más que el día,
nos asemejamos a la lechuza,
y nos levantamos fatigados cada día.

El problema es que, durante el día,
tenemos la agenda llena,
y el estrés y la fatiga...
Y viene la noche:
"No hice..."

Y así el sueño... se evade.

6. LA ANSIEDAD

"¡Qué impaciente eres!"
"¡Tranquilízate!"
"Que no pasa nada."
"Te tomas todo muy a pecho."

No, no es eso: nuestro cerebro,
al recibir una señal de alerta,
envía un aviso,
al igual que en un equipo de fútbol:

cuando el portero
intuye un posible ataque
del equipo rival,
avisa a los defensas y se prepara.

¿Pero cómo sería su respuesta,
si ve que vienen por múltiples puntos?
Esto es lo que percibe una persona con ansiedad.

7. PAGANDO DEUDAS...
QUE NO TE CORRESPONDEN

Cuando nuestro cerebro
intuye algún conflicto,
avisa de algún peligro.

Así, estamos preparados,
y nos enfrentamos,
con mejores o peores resultados.

Pero en ocasiones,
experimentar grandes presiones
nos deja las alarmas de modos permanentes.

Viviremos en continuo miedo,
relacionando todo
con ese evento traumático.

Mi ansiedad mayor la sentiré
aunque no haya nada que lo cause
y pararla, no sabré.

Así sería el estrés postraumático.

8. LAS TINIEBLAS

La noche cubre la ciudad,
y pierde luminosidad,
según avanza la oscuridad.

Pero al final de la noche,
la luz vuelve,
cuando amanece.

A veces, en la mente,
a diferencia de la noche,
la luz no vuelve,
y la vitalidad decrece:
lo que te gustaba,
no te apetece.

Puede salirse de esta sima,
y volver a la vida,
con buena compañía,
medicina,
y alegría por la vida.

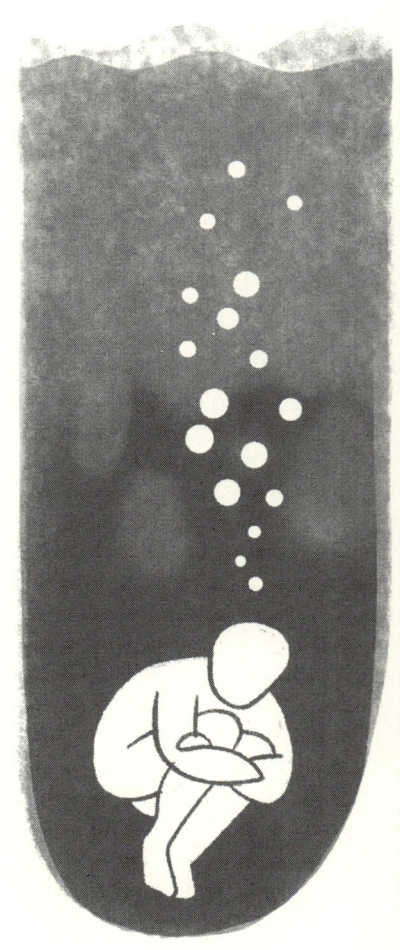

9. UNA MUERTE SILENCIOSA: EL SUICIDIO

Causa de muerte de un amplio colectivo,
de diferentes edades,
a veces se habla de ello en el periódico,
si ha habido otra muerte,
en el caso de violencia de género,
o en casos de bullying.

Pero los casos son muchos más,
y pese a que deberían cuestionarnos,
incomodarnos,
"pasan en silencio."

Qué causa de muerte más rara,
que, siendo provocada,
parece tan normal,
como la de un enfermo terminal.

¿Será que la vida es más compleja
de lo que vemos?
¿Será que es necesario estar más al loro
de los problemas de nuestro entorno,
en lugar de *"es su problema"*?

10. TOC, TOC... LLAMAN A LA PUERTA

"Voy a abrir, que llaman."
"Pero si no hay nadie."
"Ah, me parecía", y retomas tu actividad.

Al poco... "Toc, toc"
"Voy a abrir, que llaman."
"Pero si no hay nadie."
"Pues lo he oído."
Y vuelves a tu actividad.

TOC, TOC, TOC.

Este comportamiento,
obsesivo y compulsivo,
desarrolla dependencia exagerada
a lavarse las manos,
a cumplir hábitos.

Son aferrados a rutinas,
metódicos,
porque los perciben necesarios
y buenos.

11. LAS IMÁGENES MÚLTIPLES

Si te observas en un espejo, te reconoces.
Pero si entras en una sala con múltiples espejos,
¿cuál de esas imágenes es la real?

¿La que está frente a ti?
¿O la de detrás?
¿O la de la derecha?
¿O la de la izquierda?

Miras un espejo, ves una imagen tuya,
distinta a la que ves en el espejo siguiente.
No puedes percibir tus múltiples imágenes, ni describirlas,
aunque las ves.

Así sería el Trastorno de Identidad Disociativa:
tras abusos,
depresiones,
se desarrollan distintas identidades,
que se yuxtaponen.

12. UN FANTASMA

Te observas cuando te ves en un vídeo,
ante un espejo,
una foto.

Y comentas tus recuerdos,
miedos,
como todos.

Pero hay casos, en que la persona
se ve desde fuera:
como si observara a otra.

Como si experimentase un sueño,
o viera un vídeo,
de sí mismo.

Pero no hay tal sueño ni vídeo,
eso ocurre en este momento.
El protagonista se siente alienado.

Piensa que no controla sus actos,
sus pensamientos,
al serle ajenos.

Así sería el Trastorno de Despersonalización.

13. PALABRAS... QUE PRODUCEN DAÑO

Es muy habitual dirigirnos con el:
"has engordado" o
"veo que has perdido peso y estás mejor"
en lugar de
"Qué alegría verte."

No siempre tenemos
la ropa que queremos,
así como tampoco
la figura deseada,
por edad, hábitos de vida,
y otros motivos.

Pero esos comentarios
pueden fomentar
los trastornos alimentarios
que causan estragos.

Así, es mucho mejor,
acercarnos desde la acogida
a la otra persona, y si necesita ayuda...
Escucharla.

14. LA ANOREXIA

El espejo nos muestra nuestra imagen
tal como es,
sin Photoshop.

Pero quienes sufren este problema,
ven su imagen distorsionada,
voluminosa,
lo que les causa
desgana alimentaria,
necesidad de expulsar la comida
y seguir una peligrosa dieta.

Esto afecta por partida doble,
tanto al cuerpo como a la mente:
el cuerpo necesita una dieta saludable,
la mente recibe un mensaje desaconsejable,
lo que, conjuntamente, causa un grave problema.

15. TRAS LA COMIDA...

Los atracones se alternan,
con vómitos, ejercicio excesivo,
incluso algún medicamento.

Y esto de manera regular,
durante meses,
lo que ocasiona daño a nuestro cuerpo.

Que el alimento es bueno y agradable,
así como el ejercicio y las purgas,
pero todo en una medida que el cuerpo asimile.

Pero la bulimia no tiene esa medida,
sino que introduce de pronto un atracón,
y luego, dietas, y un ejercicio abusivo.

16. CUPIDO DESORIENTADO

Revolotea Cupido,
con su arco preparado,
a lanzar su flecha,
cuando observa,
con sorpresa,
que el corazón apuntado,
no se corresponde con su cuerpo.

¿Cómo se enamorará de su pareja
si se siente del mismo sexo que su media naranja
pero esta otra media no coopera?

Asombrado, Cupido observa,
la frecuencia
con que una parte de hombres se identifica
con el sexo de la hembra,
y por otra,
una parte de mujeres que se identifica
con la sexualidad masculina.

No son ni Aquiles ni las Amazonas,
es el Trastorno de Disforia de Género.

17. UNA EXPLOSIÓN... TRAS OTRA

Naces con un carácter impulsivo y violento,
desafiante hacia el maestro,
oposicionista hacia quien piensa distinto.

Tus explosiones emocionales
son frecuentes,
y tienes pocas amistades.

Cuando alguien te hablaba,
tu interior explosionaba,
y si te llevaba la contraria...

De clase se te expulsaba,
si no podías con tu ansiedad,
se te castigaba,
y así, nadie se te acercaba.

Hoy sabemos que estos niños no son payasos,
si no que tienen trastornos disruptivos,
y que hay terapias para ellos.

Porque no son graciosos,
sino que están en riesgo de ser niños rotos,
porque su carácter les excluye de los abrazos.

18. LOS ANTISOCIALES

No es que desconozcan las ciencias sociales,
pero no ponen en ellas sus atenciones.

Ya de niños, sus aficiones les cierran por completo,
no son sensibles al sentimiento ajeno.

Sin estar dentro del autismo,
no saben entender el mensaje del otro.

Esto los lleva a conductas desafiantes,
e intimidaciones constantes.

También vuelcan su violencia sobre animales, y
la violación de reglas sociales.

Pero esta violencia es un espejo,
de lo que siente dentro de sí mismo:
con una gran ansiedad y desesperación,
que le puede llevar a la autolesión.

Hoy sabemos que existe una alternativa
para este trastorno de conducta disociativa.

19. UN AMPLIO LINAJE

Esta estirpe surge
en los primeros meses del bebé,
cuando su cerebro se describe,
con algún rasgo notable.

Esto ocasiona muchas cosas:
alteraciones comunicativas,
del lenguaje y sus miradas,
como vemos en autistas.

Otros, son más impulsivos,
distraídos, e inquietos.
Con conductas de riesgos,
ya que no miden sus efectos.

Aquel, su expresión es malsonante,
su movimiento discordante,
a veces repite cosas que no entiende,
su comportamiento parece desafiante.

Estos, tienen dificultades en el aprendizaje,
unos en el lenguaje,
otros en el cálculo razonable,
con una casuística muy diferente.
Aquellos muestran un desarrollo
más limitado,
que les condicionó un total crecimiento.
Cada caso de este linaje
es diferente,
pero mejora de modo excelente
con las terapias que en cada caso procede.

20. TEA... TEATRO

En breve saldré para el escenario
a representar un papel con otros artistas más,
en esta feria de teatros.

Seguramente no entenderé a los demás actores:
ni sus frases ni sus intenciones,
pero si no me salgo del guion, saldrá bien.

Me fascinan los juegos de luces y música
de la escena segunda, similar a la tercera,
que me sé bien.

Repetiré mi papel una y otra vez,
tendré poca interrelación en el argumento,
al ser un autor... secundario.

No entiendo la obra ni a los personajes,
pero seguir el guion me da seguridad.
¡Que no me falle ni una coma!
¡Atención, salimos a escena!
¡Suprimimos el primer acto, que es innecesario!
¡Aaaaah¡

21. UN TORBELLINO: EL TDAH

Era un niño que adonde iba,
revolucionaba el ambiente:
no paraba, no seguía las normas,
no prestaba atención, y desquiciaba.

Por sus conductas imprudentes,
y fuera de lugar,
le fueron dejando de lado,
lo que le causaba tristeza.

Su comportamiento era inadecuado,
no medía sus acciones.
No acababa sus deberes ni exámenes,
se organizaba mal el tiempo.

Pero este niño era entusiasmo puro,
muy creativo y siempre ayudaba.
Sus ideas eran originales,
y muy creativo en artes.

Con el apoyo de los tutores, orientadores,
así como sus familiares
y compañeros de clase,
Andrés finalizó sus estudios... con múltiples anécdotas.

22. SOMOS POLÍGLOTAS

Nos comunicamos
con códigos y sistemas
que entendemos,
las lenguas.

Pero además de las palabras,
tenemos otros lenguajes:
los sistemas musicales,
que forman parte de las culturas.

Los escuchamos,
descodificamos,
Expresamos
y compartimos.

Asociamos experiencias
a tonalidades musicales,
según hayan sido las primeras,
tendremos más variedades.

Igual que con las voces,
a veces hay dificultades,
como ecolalias y trastornos de los lenguajes,
entre otras muchas variedades.
Por mencionar a alguna,
no distinguir tonos,
la amusia, tener siempre presente la música, musicofilia,
alucinaciones, la epilepsia musicogénica.
Hablamos con palabras,
¿O imaginamos con notas?

23. LAS DOS HERMANAS

Dislexia, y Alexia,
la hermana mayor y la pequeña,
pertenecen a la familia
de los Trastornos de la Lengua.

Son hermanas:
Alexia tiene problemas en la comprensión de las palabras,
Dislexia también tiene dificultades en las lecturas:
La diferencia está en las causas.

Dislexia es la hermana mayor, nació con esta característica.
Alexia es más joven, un día se lesionó y perdió la lectura.
Para ambas hermanas hay terapia
que las permita disfrutar de la palabra escrita.

24. EL OGRO: EL PROFESOR DE MATES

Era un niño que temblaba en las clases de mates:
el profesor le causaba temor,
sus respuestas no le aclaraban nada,
y pensaba que era tontito, al no entender la asignatura.

Pero un día sus padres fueron al orientador del colegio,
porque el niño era inteligente:
¿Por qué se atascaba en matemáticas?
Y les enviaron a una especialista.

Esta profesional, tras evaluar al niño,
y realizar con él distintas pruebas,
entendió su problema: tiene discalculia,
la dislexia de las matemáticas.

La discalculia tiene diferentes manifestaciones:
no ser capaz de entender los números,
los conceptos, etc.
Pero con una buena metodología, se supera.

¡Juntos sumamos!

PARTE 2:

ENFERMEDADES

NEURONALES

25. EL OLVIDO

A...l atardecer de la vida,
Las neuronas envejecen y mueren.
Zozobran nuestros recuerdos,
Hacia un mar grisáceo,
E...n el que se hundirán.
I...remos perdiendo nuestras capacidades,
Mientras el mal avanza.
E...ntraremos en un estadio similar a un
Retorno a la primera infancia.

26. LA ENFERMEDAD SAGRADA

E...s una enfermedad muy frecuente,
Puede ocasionar sacudidas, convulsiones,
I...ncluso ausencias, y alucinaciones musicales.
Los que la tenemos, para no tener un susto,
E...l sueño nos ayuda, y el alcohol debemos evitarlo.
Parpadeos de luces, música muy vibrante,
Son malos para esta parte.
Igualmente, una vida sana, y tranquila,
A...yudan a superarla, junto con la medicina adecuada.

27. EL VIENTO AZOTA EL ÁRBOL

El árbol es sacudido
por el viento,
que le arranca las hojas otoñales,
y zarandea sus ramas.

Así ocurre con nuestro cuerpo,
con el Parkinson,
y la enfermedad
de Hungtinton.

El viento del cerebro,
ocasiona estas sacudidas,
y movimientos involuntarios,
durante el otoño de la vida.

28. OCURRE DE REPENTE

Estás haciendo algo,
cuando notas una visión borrosa,
hablas raro, te caes, y perderás el conocimiento.

Has sufrido un infarto cerebral,
también llamado ictus,
que te envía esas señales.

Vuelves del sueño,
pero según la gravedad, y la falta de oxígeno,
habrás perdido más o menos capacidad.

Aquí comenzarás la rehabilitación física,
pero hay una buena noticia:
el cerebro puede adaptarse a lesiones.

Para evitar en lo posible estos sustos,
haz deporte, dieta sana, cuídate,
y participa de actividades con amigos.

29. UN TRAUMATISMO CRANEOENCEFÁLICO

Tras un severo golpe,
la sangre emerge,
a veces el cerebro se mueve.

El sentido se pierde,
llegando a un estado grave,
posiblemente haya una lesión importante.

La cabeza muestra sangre,
por la nariz y la frente,
aunque no sean el foco del golpe.

Hay que trasmitirle aire,
y examinar cómo responde,
para llevarle a un hospital que le auxilie.

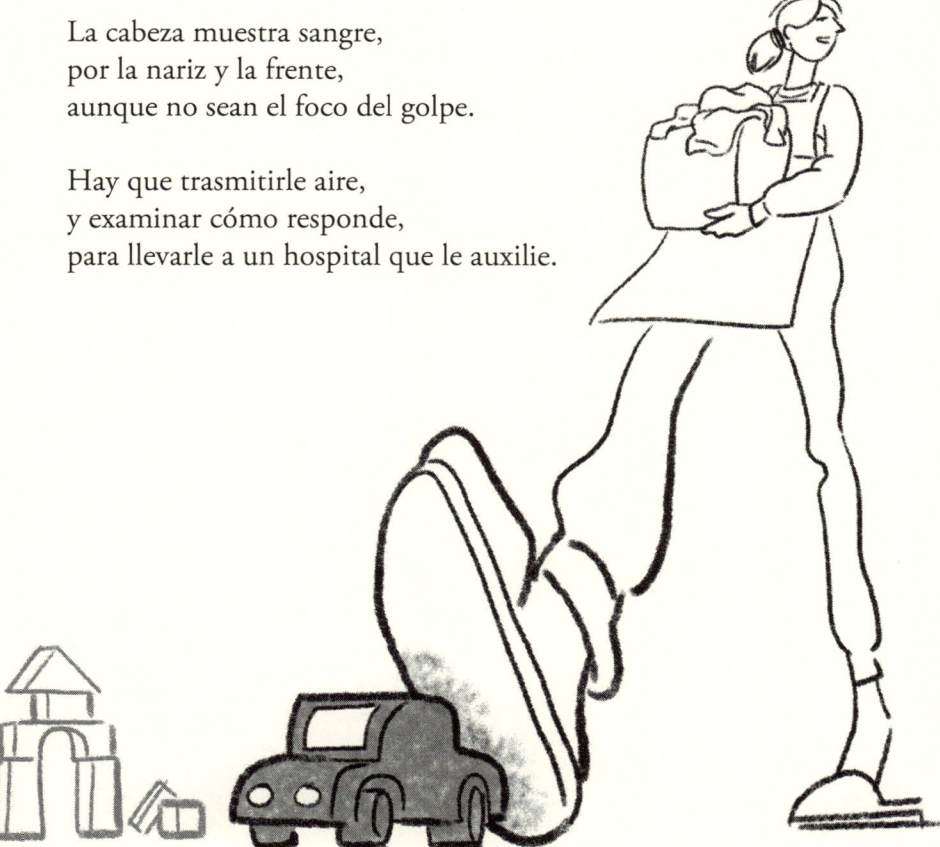

PARTE 3:

HABLEMOS DE...

TODO UN POCO.

30. EL DAÑO QUE HACEMOS... SIN SABER

"Tiene esa enfermedad..."
"Es raro..."
"Sí, no tiene la culpa, pero..."

Con esta presentación, logrará poca atención,
escaso apoyo,
y pocos amigos.

Por el contrario:
"¿Cómo podemos ayudar?"
"Buscaremos información para..."

Permiten presentar mejor a la persona
en su entorno,
y no fastidiarle.

Estos son los frutos del estigma,
que se basa en el desconocimiento y el miedo,
en lugar del conocimiento.

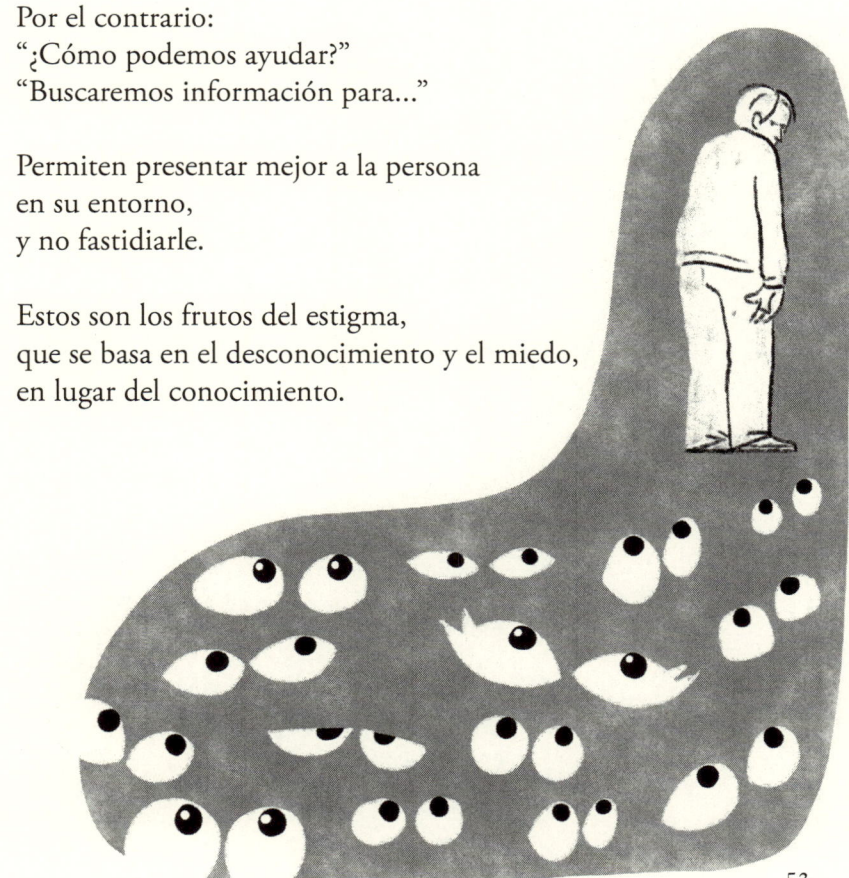

31. EL EEG

Te ponen un gorro en el pelo,
como si fueras a la piscina,
de donde salen cables
que recogen las señales que envía tu cerebro
mientras durante la prueba
te ponen luces,
y que hagas diferentes respiraciones.

Esto permite el estudio
de posibles alteraciones,
para evitar algún susto,
y encontrar el tratamiento más oportuno.

32. LA VIDA... CON COLOR GRIS

Asociamos el gris a monotonía,
calma, seguridad,
a lobos,
al humo.

Pero es una tonalidad del cerebro
y de la médula ósea,
la sustancia gris,
con una presencia mayor en autistas.

La forman neuronas,
realiza funciones sensoriales
y vitales,
igual que las cenizas protegen las brasas.

Que nadie desprecie el gris,
ni lo asocie sólo al humo,
a la monotonía,
pues nuestra cabeza... lo es.

33. LAS CALUMNIADAS

Sólo las conocemos y hablamos de ellas
cuando están enfermas
y vienen problemas.

Son las meninges:
son capas protectoras, tres,
que cubren y protegen los sistemas neuronales.

Se encargan de regar el cerebro
con sangre y líquido cefaloquerroido,
y coordinan todo el sistema sanguineo.

Estas mujeres tan importantes son las siguientes:
La Piamadre, la más próxima a las redes neuronales,
la Aracnoidea y la Duramadre, cercana a los exteriores.

Si sufres de un traumatismo
estas calumniadas reciben el palo,
para parar el daño.

¿Sólo ocasionan enfermedad?

34. LA PELÍCULA DE LA VIDA

Al igual que las cintas de vídeo,
o los DVDs,
nuestro cerebro recoge
las notas de nuestros recuerdos.

Estos conciertos
se componen de distintas notas,
unas dolorosas,
otras mejores.

Pero en la lectura,
el reproductor puede fallar:
graba a partir de los 3 años,
y se observan incidencias.

Por efecto de traumas,
pérdida de la consciencia,
alcoholismo,
recoge alterada la información.

La película queda almacenada,
y la vamos visionando,
pero entendemos las tomas
en función de nuestro momento.

Otras partes son eliminadas,
pues el sistema no almacena todo.
Algunas quedan olvidadas,
hasta que son redescubiertas.

El problema del material audiovisual
es su preservación.
Ésta sufre una progresiva pérdida
con la invasión del Alzheimer.

35. ¿REZAR? ¡QUÉ ABURRIMIENTO!

Cuando pensamos en la oración,
nos viene a la cabeza el sopor:
"Veo que quien reza, bosteza."
"Sta. Teresa se dormía en el rezo."

Así, no resulta atractiva esta actividad.
Pero espera, que hay un truco:
Nuestro cerebro emite diferentes señales,
en función de nuestras actividades:

Durante un estado de pánico, notas gamma, saltos.
Si estamos creativos, notas beta, largas.
Cuando nos relajamos, notas alfa, con ritmo rápido.
En estado de meditación, notas theta, pausadas.
En el sueño, notas delta: un solo.

Cuando una persona entra en oración,
las notas de su cerebro son las thetas.
Por ello, no sería normal que anduviese inquieto....
a no ser por molestias en el templo.
Oración... tiempo de silencio.

36. EL PASTILLERO

Pequeño recipiente,
Amigo y confidente,
Sabemos, por ti, si
Tomamos la dosis de la medicina, o si
Ignoramos la pastilla asignada en cada momento.
Lo tenemos a mano, en la cocina, y
Le ponemos la dosis de medicina necesaria.
El formato es variado,
Recubierto con los días de la semana.
Olvidamos una preocupación contigo.

37. LA CAMISA

Es una camisa blanca,
lisa,
de una sola pieza.

Sus brazos son alargados,
con correas,
te recoge por atrás los brazos.

Te protege de autolesiones,
evita que ataques,
se pone en momentos puntuales.

38. TÚ, TU PROPIO ENEMIGO

Te detestas,
desprecias,
te insultas.

Tu ansiedad aumenta,
de manera descontrolada,
ya no se para.

Ves una salida:
la cuchilla...
en la vena.

Aunque no te matas,
alivio notas,
pues liberas tus angustias.

La autolesión,
hacerse un daño con intención
es un trastorno que merece atención.

¡No nos hagamos daño,
si hay algún motivo,
busquemos un remedio!

39. EL ARTE DE LOS ENFERMOS

Cuando pensamos en el arte,
recordamos a autores singulares,
obras grandiosas,
de gran calidad.
Pero el arte también acompaña
a personas enfermas,
con estilos muy diferentes,
según sean sus trastornos:

En depresiones,
su pintura es oscura,
de color fría,
no siempre la acaban.

En esquizofrenia,
hay un gran simbolismo,
muchas figuras,
y rigidez en trazos.

En neurosis, el autor se representa,
muy emocionalmente,
presentándonos sus fantasmas.

En la psicosis,
varía según esté en fase eufórica
o depresiva,
con el uso del color.

En epilepsia,
el estilo es infantil,
los motivos son repetidos,
y los colores, chillones.

Este arte está en museos,
como el de Ciempozuelos,
el de la Tía Sandalia,
y en algunos hospitales.

También tenemos las mandalas,
dibujos y cosas de tela,
realizados en centros de mayores,
así como manualidades y dibujos infantiles.

¡Juntos pintamos!

40. DIBUJO Y MÚSICA EN NIÑOS

El dibujo, junto con la música,
es muy bueno para niños enfermos:
les ayudan con sus miedos y bloqueos.

Que nadie diga a un niño con trastorno:
"Qué feo es tu dibujo."
"Eres muy torpe con el movimiento."

Debe que animarle a continuar,
y a liberar su bloqueo
representando una canción que escuchó.

Los estilos de estos pacientes
son muy diferentes,
así como sus gustos musicales:

Niños con depresión,
dibujos sombríos y poca ilusión,
y música que les suponga protección.

Niños autistas,
sus dibujos son realistas y detallistas,
les gustan las músicas emotivas.

Niños esquizofrénicos,
son muy creativos,
les gustan los conciertos alegres y emotivos.

Niños con Síndrome de Down y retraso mental,
sus dibujos son de tendencia esquemática,
les gusta la música alegre y rítmica, tal cual.

Niños con epilepsia,
sus dibujos son de color chillón y de edad de infancia,
les gusta variar de música, ¡pero cuidado con la muy rítmica!

¡Juntos pintamos y escuchamos música!

41. EL JUEGO

Cuando jugamos con amigos,
interactuamos, nos divertimos,
y nos desarrollamos.

"Este niño tiene tal dolencia."
"¿Puede hacer la actividad lúdica?"
"¿No será peligroso?"

Si su enfermedad lo permite,
no será inconveniente,
adaptándolo a su ambiente.

Le dará muchos ánimos
jugar con otros niños,
y tener amigos.

¡Juntos jugamos!

42. DE REGRESO AL PARVULARIO

Al atardecer de la vida,
es frecuente que, por enfermedad,
vivir solo, y más limitado,
vuelvas a ser tratado como en la infancia:

Es en las residencias donde están estos jardines
de la segunda infancia,
y reúnen casos muy diversos:
personas limitadas física o mentalmente.

Se hacen actividades para tratar a estos niños grandes,
de música, de dibujo,
así como otras manualidades,
y pequeños paseos para tenerles activos.

Pero estos parvularios cada vez son más demandados,
sólo hablamos de ellos por política y economía, pero
¿nos acercamos a verlos,
a compartir nuestro tiempo con nuestros mayores?

43. LA MUERTE

Luchamos batallas por la vida:
para pagar la hipoteca,
lograr un mejor trabajo,
y curarnos de enfermedades.

Mal o bien, las ganamos,
o, a veces, quedamos en tablas,
como ocurre con las secuelas
o las deudas.

Pero hoy por hoy, tenemos perdida
la batalla contra la muerte.
Ya no viene como un esqueleto con guadaña,
sino cuando nuestro cerebro se apaga.

Podemos perder la conciencia,
el sentido de la realidad,
o caer en un coma profundo.
Pero en estos estados, nuestro lucero sigue activo.

El problema es cuando el faro,
bien por un coma profundo,
o por un derrame u otras causas,
se bloquea y deja de emitir señales.

Por ello, en accidentes graves,
los médicos envían estímulos al cuerpo,
para ver si le reaniman
y no se pierde el pulso ni se apaga su luz.

Entonces, cuando se muere, (ya no lo sentiremos)
nuestro cuerpo actuará mecánicamente,
con los procesos del enfriamiento y rigor mortis.
Pero esto se queda para otra poesía.

44. CUIDA TU CEREBRO

El cerebro es como un lago,
del que salen las señales vitales
a través de los nervios.

Este lago es profundo, y recibe agua
el líquido cefaloquerroideo,
la sangre, y muchos otros nutrientes.

Está bien protegido,
por tres cadenas rocosas,
y humedecido, y así sobrevive.

El agua siempre fluye,
y encuentra caminos nuevos:
si una roca bloquee el paso, se adapta: neuroplasticidad.

Pero muchas veces recibe más porquería
de la que puede liberar:
si sus afluentes van sucios... ¡peligro!

Otras veces, por una sobreexplotación,
y no reponer lo gastado
con el descanso o la gestión del estrés... ¡alerta!

En ocasiones, por no atenderlo,
ni limpiarlo ni acercarnos a verlo,
¡la pereza es mala compañía!

Limpia sus afluentes con ejercicio, vida sana,
evita adicciones, y malos pensamientos,
activa la mente creativamente, procura descansar...

¡Cuida tu cerebro!
¡Cuida este maravilloso lago,
que está vivo, pero que se puede secar!

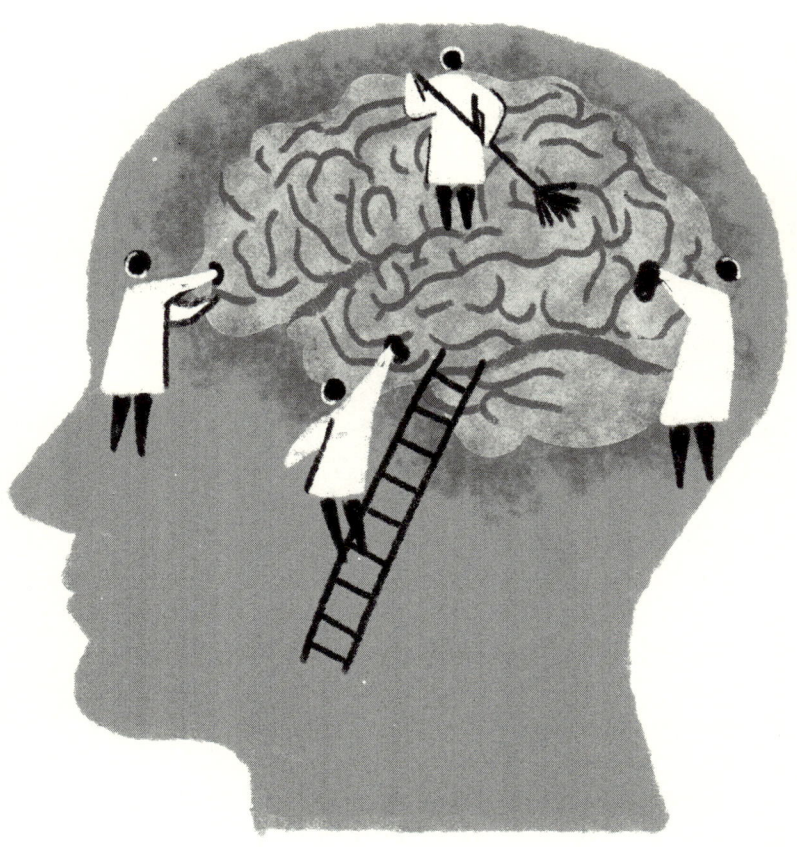

BIBLIOGRAFÍA:

ANSIEDAD:
– La ansiedad en el autismo: Comprenderla y tratarla/Isabel Paula. Madrid, Alianza Editorial, 2023.

ARTETERAPIA:
– Fundamentos de la Gestalt/Dr. Joel Latner; traducción: María Ortiz. Santiago de Chile: Editorial Cuatro Vientos, 2016.
– Arte y Cultura en la Orden Hospitalaria de San Juan de Dios/Roma, Curia Generalizia Ordine Ospedaliero di San Giovanni di Dio, 2006.

AUTOLESIÓN:
– Me muero por vivir/Álex Codesal. Madrid, Ángelus Novus, 2023.
– La autolesión en el autismo/Isabel Paula. Madrid, Alianza Editorial, 2015.

BIPOLARIDAD:
– El trastorno bipolar: De la euforia a la tristeza/Francesc Colom y Eduard Vieta. Madrid, La esfera de los libros, 2020.

EPILEPSIA:
– Curso Manejo de Crisis Epilépticas y Promoción de la Inclusión Social/ Pontificia Universidad Católica de Chile. Realizado en junio de 2023.
– Cuentos de epilepsia: Aprender sonriendo/Cuentos escritos por Patricia Smeyers Durá; cubierta e ilustraciones: Ana Ruiz Segura. Majadahonda, Ergon, 2022.
– Epilepsia: Manual de manejo práctico/Coordinador: Dr. A. Gil-Nagel Rein. Majadahonda, Ergon, 2016.

– Hablemos de... epilepsia/Gonzalo de Rato Leguina. Almería, Círculo Rojo, 2023.

– Curso Síndrome de West. Manual del alumno. Granada, Euroinnova Editorial, 2020.

– Curso Manejo de Crisis Epilépticas y Promoción de la Inclusión Social/ Pontificia Universidad Católica de Chile. Realizado en junio de 2023.

– www.fundacioncaser.org

– Autismo, epilepsia y genética. Revista de Neurología, 2008; 46 (Supl 1): S71-S77.

– Derecho a vivir Disponible en Youtube, https://www.youtube.com/watch?- v=G1DUT_y8470&t=2213s [consultado el 07/07/2023]

– https://docta.ucm.es/handle/20.500.14352/55703 La enfermedad en la literatura de Dostoievski – https://www.anpeepilepsia.org/ [consultado el 07/07/2023]

– https://amepilepsia.org/ [consultado el 07/07/2023]

– http://epilepsiemuseum.de/espanol/index.html [consultado el 21/08/2023]

– Epiléptico: la ascensión del gran mal / David B.; [traducción, Lorenzo Díaz]. – 3ª ed. – Madrid: Sinsentido, 2010

ESQUIZOFRENIA:

– El camino de la esquizofrenia. Disponible en Youtube, https://www.youtube.com/watch?v=7m4yPjSCoUA

– Todas las esquizofrenias/Esmé Weijun Wang; traducción de Julia Osuna Aguilar. Madrid, sextopiso, 2021.

– Por si las voces vuelven/Ángel Martín. Barcelona, Planeta, 2021.

PERSONALIDAD MÚLTIPLE:

– Sybil, disponible en Youtube, https://www.youtube.com/watch?v=fHa5jPsmDDc PSICOSIS:

– Entender las psicosis: Hacia un enfoque integrador/Jorge L. Tizón. Barcelona, Herder, 2013.

– Desvelar el enigma de la psicosis: Fundamentos para una terapia analítica/Franco de Masi, traducción de María Pons Irazazábal. Barcelona, Herder, 2021.

TRASTORNOS DEL NEURODESARROLLO:

– Otras miradas, otras maneras de entender el mundo: Trastornos del Espectro Autista (TEA), TDAH, trastornos del lenguaje, del aprendizaje, dislexia y Síndrome de Tourette/Gonzalo de Rato Leguina; ilustraciones de Adolfo Ruiz Mendes; prólogo de Alejandro Martín Calle. Letrame: Almería, 2023.

AGRADECIMIENTOS

Este libro ha sido posible gracias a la colaboración de varios actores, destacando: a mis circunstancias personales que, en mi vida, me llevaron a necesitar de atención a mi salud mental. Cuando te envían a estos centros, el pensamiento es siempre el mismo: "Dios, ¿por qué yo, joder?" Generalmente, te sientes en un entorno frío, ante unas pruebas que ni entiendes ni sabes qué consecuencias tienes, algo así como un chaval de instituto ante sus temibles profes, el día del examen de su peor asignatura. Y cuando hablas de estos temas, puedes ser visto con cierto miedo, pero también, como me pasó, encontrar muchas personas que te ayudan. Así, quiero agradecer a todos los profesionales sanitarios que me han atendido, así como a todas las personas que, cuando lo necesité, me brindaron su ayuda. A mis familiares, que han sido claves para mis tratamientos. Amigos, especialmente a Gustavo y al Hno. Diego. También quiero expresar mi agradecimiento y admiración por las personas dedicadas al cuidado de este tipo de enfermos, que me enseñaron los museos de arte de sus centros médicos, como es el caso del Hospital Psiquiátrico de San Juan de Dios de Ciempozuelos y las Hnas Hospitalarias de Palencia, que me enseñaron su exposición permanente Una mirada al pasado, así como también el Instituto-Hospital San José de Carabanchel. Por último, y sin que sea menos significativo, a mi colaborador, Adolfo Ruiz Mendes, quien quiso acompañarme en esta aventura. A todos ellos, gracias.

POSTSCRIPTUM

Por mi experiencia con los libros que llevo, puedo decir que escribir es una aventura: sabes cómo comienzas, pero según vas avanzando, te encuentras nuevos retos, dudas, incluso desafíos.

Una gran parte de la información la fui encontrando para mi anterior libro, Hablemos de... epilepsia. Y, en parte, de este libro, salió mi idea de elaborar este poemario, ya que el anterior libro se acotaba al campo de la epilepsia. Igual que realizaba el libro de la epilepsia, iba dando cursos en diferentes trastornos, que me permitieron adquirir conocimientos necesarios para realizar este poemario. Otros conocimientos, como los de la arteterapia, me sirvieron también para mi libro de la epilepsia.

El expresar en poemas cosas que he vivido (quien quiera saberlas, tiene mi autobiografía, Recuerdos de mi vida a través del Síndrome de Asperger) me supuso una gran experiencia. No todas las poesías recogen cosas que me hayan pasado: para *El suicidio* y *Tú mismo, tu propio enemigo*, recurrí al testimonio de Álex Codesal, *Me muero por vivir*, así como estudios sobre el tema. Sin embargo, el poema La vuelta al parvulario, me inspiro en una residencia de mayores donde está una tía mía a la que suelo ir a visitar.

Elegí tratar la salud mental porque todos, en algún momento, somos vulnerables a que nos suceda algo. Por ello, pensé que podría contribuir dando voz a todo este colectivo, tanto enfermos como sus familiares, a la vez que dedico una poesía a luchar contra los estigmas. Con ello no animo a que el enfermo no siga su tratamiento, sino a quitar prejuicios.

Algo que me impactó mucho cuando visité un hospital psiquiátrico fue ver cómo bastantes pacientes te saludaban al entrar, siendo un desconocido: esto, en nuestra "razonable", y "ordenada" manera de vivir, es algo que no es tan común. O cuando vas por la calle o el metro y ves a tantas personas colgadas del móvil, que no miran otra cosa sino su pantalla: ¿no es una adicción, igual que el alcohol o la droga? Por eso concluyo mi poemario dando una serie de recomendaciones sobre el cuidado de nuestro cerebro.

La elaboración de mi libro sobre la epilepsia me dio la oportunidad de conocer a personas de la Orden Hospitalaria de San Juan de Dios que se dedican al cuidado de personas enfermas. Como en mi libro anterior, animo al potencial lector a colaborar con asociaciones, profesionales y personas que se dedican al cuidado de los enfermos.

Hay múltiples maneras de hacerlo, no es sólo votando a tal o cual partido político. Quizás no puedas compartir tu tiempo, amigo lector, con pacientes de hospitales. Pero sí puedes colaborar con asociaciones que tratan la enfermedad, en cualquiera de sus manifestaciones. Si eres bibliotecario, puedes compartir tu biblioteca para que alguien dé una charla divulgativa, como se hace en la red de Bibliotecas Públicas Municipales de Madrid. Es una manera muy importante de colaborar. Generalmente sólo van familiares de pacientes, pero esto es importante, ¿verdad? O si eres creativo, puedes animar un taller de arteterapia, o desarrollar un blog, donde des a conocer tal o cual temática. Busca alianzas para desarrollar proyectos, y a lo mejor irán saliendo adelante y podrás beneficiar a muchas personas... si te atreves a meterte en esta aventura.